LES CÉLÉBRITÉS D'AUJOURD'HUI

Willy

PAR

HENRI ALBERT

BIOGRAPHIE PRÉCÉDÉE D'UN PORTRAIT-FRONTISPICE
ILLUSTRÉE DE DIVERS DESSINS ET D'UN AUTOGRAPHE
SUIVIE D'OPINIONS ET D'UNE BIBLIOGRAPHIE
ORNEMENTS TYPOGRAPHIQUES D'ORAZI

PARIS
BIBLIOTHÈQUE INTERNATIONALE D'ÉDITION
E. SANSOT & Cie
53, RUE SAINT-ANDRÉ-DES-ARTS, 53

1904

WILLY

IL A ÉTÉ TIRÉ DE CET OUVRAGE :

Six exemplaires sur Japon impérial

numérotés de 1 à 6

et douze exemplaires sur Hollande, numérotés de 7 à 18

(*Cliché Nadar*).

WILLY

LES CÉLÉBRITÉS D'AUJOURD'HUI

Willy

PAR

HENRI ALBERT

BIOGRAPHIE PRÉCÉDÉE D'UN PORTRAIT-FRONTISPICE
ILLUSTRÉE DE DIVERS DESSINS ET D'UN AUTOGRAPHE
SUIVIE D'OPINIONS ET D'UNE BIBLIOGRAPHIE
ORNEMENTS TYPOGRAPHIQUES D'ORAZI

PARIS
BIBLIOTHÈQUE INTERNATIONALE D'ÉDITION
E. SANSOT & Cie
53, RUE SAINT-ANDRÉ-DES-ARTS, 53

1904

Les Célébrités d'Aujourd'hui

Nouvelle collection artistique de biographies contemporaines

PUBLIÉE SOUS LA DIRECTION DE

MM. E. SANSOT-ORLAND
ROGER LE BRUN ET AD. VAN BEVER

Prix de chaque biographie . . . . 1 fr.

BIOGRAPHIES PARUES :

PAUL ADAM, par Marcel BATILLIAT.
OCTAVE MIRBEAU, par Edmond PILON.
REMY DE GOURMONT, par Pierre de QUERLON.
FRÉDÉRIC NIETZSCHE, par Henri ALBERT.
MAURICE DONNAY, par ROGER LE BRUN.
JULES LEMAITRE, par E. SANSOT-ORLAND.
JUDITH GAUTIER, par Remy de GOURMONT.
CAMILLE LEMONNIER, par Léon BAZALGETTE.
EMILE FAGUET, par Alphonse SÉCHÉ.
ANATOLE FRANCE, par ROGER LE BRUN.
ALFRED CAPUS, par Edouard QUET.
HENRI DE REGNIER, par Paul LEAUTAUD.
WILLY, par Henri ALBERT.
PAUL BOURGET, par Georges GRAPPE.

Willy

Henry Gauthier-Villars naquit à Villiers-sur-Orge (Seine-et-Oise), le 10 avril 1859, sous le signe du Bélier, qui donne l'ambition, la soif de parvenir, la gloire méritée et les mariages heureux (1). Son père, l'éditeur Albert Gauthier-Villars, ancien élève de l'Ecole Polytechnique et passionné de sciences exactes, fit élever l'enfant au Lycée Condorcet, puis au collège Stanislas. Il espérait l'associer à sa maison d'éditions scientifiques. Le futur ami de Claudine commença par être un fort en thème. « Car, comme le dit Eugène de Solenière, le talent de Henry Gauthier-Villars est multiforme, helléniste comme

Weill, latiniste, wagnériste de la première heure, indianiste érudit, fort renseigné sur l'écriture cunéiforme,... il met une très gracieuse coquetterie à ne point manifester sa science... » Il collabore d'abord à diverses publications de zoologie et d'astronomie, puis brusquement, malgré la défiance paternelle, il publie un recueil de Sonnets *(1878) et quelques études scientifiques et littéraires (1) dont la plus remarquée est un essai sur* Mark Twain *(1884).*

Mais voici l'heure tourmentée du symbolisme; la floraison des petites revues; le règne des polémiques passionnées de littérature et d'art. La réaction contre le naturalisme se manifeste dans la plupart des écrits de la jeunesse. On est idéaliste, wagnérien et, plus que tout autre, l'esthète intransigeant et funambulesque qui signe Henry Maugis *dans* La Nouvelle Rive Gauche *(laquelle fut* Lutèce *après quelques numéros). Préludant aux à peu près, aux calembours, aux jugements précis comme à sa grande sincérité d'aujourd'hui, Henry Gauthier-Villars, sous le style truculent et tintamarresque du débutant, laissait perçer déjà la sagacité du critique. — Dans cette revue, il rencontrait son futur collaborateur, Léo Trezenick, et signait côte à côte avec Verlaine, Jean Moréas, Paul Adam, Charles Morice,* Francis Vielé-Griffin, *Henri de Régnier.*

De plus en plus séduit par les questions de critique

(1) Entre autres une conférence sur *les Parnassiens* qui fit quelque bruit par la virulence de ses attaques contre les disciples de Leconte de Lisle.

et d'esthétique musicales, après avoir éparpillé en nombre de revues éphémères et de journaux, ses fantaisies et ses essais, l'activité de Henry Gauthier-Villars se précise. En octobre 1889, il commence à publier dans Art et Critique, des lettres sur les concerts Lamoureux, *signées :* Une ouvreuse du Cirque d'Eté. *Il s'y montre comme toujours l'ennemi des formules académiques et des musicastres officiels, et accepte déjà les renseignements techniques d'Alfred Ernst comme plus tard ceux de Pierre de Bréville. Les procédés d'ironie alliés à sa connaissance exacte des moindres moyens d'exécution, que M. Willy innovait dans la critique musicale, obtinrent, dès le début, le succès qui les accueille encore. S'imposant à la fois par la désinvolture de ses propos et le soin méticuleux qu'il apportait à signaler la moindre fausse note de la deuxième flûte ou du troisième alto, Willy faisait trembler musiciens et chef d'orchestre. Lamoureux et ses subordonnés n'attendaient pas sans inquiétude les jugements de l'Ouvreuse.*

Son humeur capricieuse lui fait choisir des pseudonymes variés : Jim Smiley *(Art et Critique), après* Henry Maugis, Boris Zichine, *etc.*

Déjà se manifeste son souci constant de déguiser sa personnalité. Plus tard, lorsque dans ses romans il se fera lui-même l'historien de cette époque de sa vie, nous retrouverons sous les masques d'autrefois, les aventures et les paroles de Henry Gauthier-Villars. Cependant, si aucun essai d'art original ne le laisse indifférent, la musique de pastiche et d'imitation, l'art sénile et les formules toutes faites, n'ont pas de pire ennemi. Il montre dans la lutte pour l'art une âpreté de ton qui décèle, sous l'apparent scepticisme des ironies et des jeux de mots, un tempérament de convaincu et d'apôtre.

Le succès de ses Lettres de l'Ouvreuse *dans* Art et Critique *lui valait de les continuer à l'*Echo de Paris *où nous les lisons encore tous les lundis. Entre temps il remplissait à la* Revue Blanche *et à la* Revue Encyclopédique *les mêmes fonctions de critique musical. Il fut secrétaire de la rédaction de la* Revue Internationale de Musique *(1898), après avoir abandonné la direction du* Chat-Noir *(1897).*

Tant d'écrits, tant de jugements et de critiques sur les hommes et les choses n'allaient pas sans valoir à Willy de nombreuses inimitiés. Il n'était pas encore celui dont on parle dans la moindre bourgade de province et, pourtant, il avait déjà des ennemis. Grâce à sa bonhomie familière, à sa franchise, à sa brusque rondeur d'écrivain sincère, il sut toutefois apaiser bien des colères et changer en estime pour lui bien des rancunes.

II

La science historique, musicale et même chimique de Willy demeure incontestée (1). L'auteur de la biographie de Lemice-Terrieux (Revue Encyclopédique *18 avril 1896) n'hésita pas à entreprendre la traduction des* Mémoires d'un Grenadier anglais, *de Lawrence. Il s'intéressait à la fois aux célèbres mystifications de Paul Masson pour lequel il garde comme un souvenir ému et au* Mariage de Louis XV. *Mystificateur habile, lui aussi (2), il se laisse séduire pourtant par la figure mélancolique de Marie Leczinska. Cette reine pieuse et souffrante parmi le crépuscule de la royauté et l'aube des philosophies encyclopédistes, le trouble par son charme doulou-*

(1) M. Willy a signé un traité de Ferrotypie, un compendium sur la photographie des objets colorés, etc.

(2) De toutes ses mystifications, la plus célèbre est celle qu'il fit en 1903, à la *Nouvelle Revue*, où il publia d'anciens vers de jeunesse les faisant passer pour des fragments du discours académique de M. Rostand. M. Claretie se laissa prendre à cette supercherie et publia l'article suivant :

Le Figaro, 29 mai 1903.

M. Henry Gauthier-Villars a publié naguère dans la Nouvelle Revue *quelques vers du discours académique de Rostand, primitivement écrit en vers. Et précisément le poète, en cette harangue inachevée, rappelait ses souvenirs de la Provence, de la Méditerranée, de Marseille :*

J'en conviens, vous avez réalisé le rêve
Que j'ai conçu, là-bas, tout enfant, sur la grève
De Provence où le rythme immortel de la mer
Apporte, avec l'odeur du goémon amer,
L'arome des lauriers et des myrtes d'Athènes.
Là j'entendis se réveiller des voix lointaines

reux. La prédilection de M. Gauthier-Villars pour cette pure image du passé nous peut fournir déjà quelques indications sur la psychologie de Willy. Elle nous révèle une pitié secrète, une âme sensible qui s'attendrit devant la solitude et la souffrance. Jadis, un orateur connu retrouvait le cœur ému du Goncourt de la fille Elisa *dans l'historien de Marie-Antoinette, de même pour le chercheur d'états d'âme, le Renaud de* Claudine *est moins loin qu'on ne pense du Chevalier de la reine méconnue par un époux frivole et débauché.*

D'autres études paraissent à la Nouvelle Revue, *à la* Revue Hebdomadaire, *à la* Revue Encyclopédique *et dans certains périodiques spéciaux.*

De même que dans ses romans, M. Henry Gauthier-Villars a, dans ses essais historiques, témoigné d'influences et de goûts variés, parfois contradictoires — ce qui est une preuve de plus de la sincérité immédiate de celui que M. Catulle Mendès appelle « un prince des jolies lettres ».

De joueuses de flûte et d'aèdes pensifs.
Souvent, tandis que l'eau brisait sur les récifs
Eclaboussant mon front de sel vif et d'iode,
J'ai reconnu les chants d'Eschyle et d'Hésiode.
D'autres fois, le mistral faisant rire un galet,
J'ai supposé qu'Aristophane me parlait...

*Et il y a de l'Athénien en effet chez ce Français de pure race; — de l'Athénien par la grâce et le charme, de l'Aristophane par l'ironie et le caprice. Il y a aussi du rêveur de légendes, un inassouvi qui souffre en même temps qu'un enchanteur ouvrant pour nous le Palais des féeries. Il a déchiré ce discours en vers dont un journal de Catalogne et une gazette hellénique, l'*Athénæ, *ont recueilli les fragments, comme des pétales de roses jetés au vent.*

Jules Claretie.

III

Le succès des Claudines *a fait oublier tant de livres ironiques et charmants qu'avait signés auparavant Willy,* Une Passade, Maitresse d'Esthètes, Un vilain Monsieur, *pour lesquels il accepta de discrètes collaborations dont celle de Pierre Veber s'est avouée à la réimpression d'*Une Passade *(1) (1903). Ces trois livres, où il analyse et fixe exactement les mœurs de la Bohème et le snobisme des cénacles artistiques, font pressentir déjà cette hypertrophie de calembours et d'à peu près et la gaieté facile qui sont toute* la Maîtresse du Prince Jean *ou* la Môme Picrate — *qualités bien françaises en faveur desquelles, dans sa plaidoirie, M. J. Paul-Boncour réclamera le droit au succès (2). De longtemps on n'oubliera les personnages de* Maitresse d'Esthètes. *Aujourd'hui que les jours révolus du Symbolisme entrent dans l'histoire et suscitent les recueils d'anas, il est bon de relire cette chronique de l'enthousiasme sceptique et puéril des Jeunes de 1894.*

Claudine à l'Ecole *fut annoncée par Willy comme le journal d'une jeune fille. Petite personne lucide, sauvage, trop instruite, curieuse du vice des autres, mais point vicieuse, gâtée par une sorte de snobisme*

(1) Cf. *Le Panthéon du Mérite*, 15 juin 1895.
(2) M. Willy, à la requête de M. Bérenger, a été poursuivi le 1er avril 1903, devant la 9e chambre, pour la publication de la *Maîtresse du Prince Jean* dans la *Vie en Rose.*

puéril du péché sans pécher elle-même, elle était bien l'incarnation d'un type tout nouveau, tel que le pouvait faire naître une émancipation prématurée. Lasciva pagina, vita proba, *telle est encore la devise de Claudine à l'école de Montigny. Entre la Gisèle du* Vice Filial *de Paul Adam et la* Mademoiselle Giraud *de Belot à qui on prétendit la comparer plus tard, elle dresse sa petite silhouette de Tanagra, plus vivante, plus personnelle, plus vraie que toutes celles qu'on lui donnera comme marraines ou imitatrices. Willy avait observé autour de lui. Fidèle à sa coutume de choisir parmi les plus proches ceux qu'il veut peindre, il n'avait pas hésité à emprunter à une personne chère les traits principaux de son héroïne. Habile pourtant à maquiller et dénaturer la vérité particulière pour créer le type de vérité générale en qui il incarnait une élite inquiète de jeunes filles.*

Le public aima Claudine parce qu'il la sentit vivante. Quelques-uns voulurent voir dans le roman une violente satire de l'éducation laïque. Certes, cette intention n'a pas été étrangère à l'auteur, mais elle ne suffit pas à expliquer une œuvre qui reste parmi les plus caractéristiques de notre époque. Certains détails du livre indignèrent quelques prudes, M. Charles Maurras (1) pourtant notait « la science prodigieuse de ses sous-entendus,... l'insondable expérience dont témoignent les plus réservées de ses confessions... »

(1) *Revue Encyclopédique*, 5 mai 1900.

En réalité, Claudine à l'Ecole, *à Montigny, proche des bois, proche du cœur de la nature, parmi la santé de la terre et des arbres, est une fleur païenne, le dernier éclat de la sève libre au flanc de l'arbre millénaire. C'est une petite nymphe qui voudrait voir les faunes et qui a peur de les rencontrer.*

Son vieux papa, savant toujours perdu dans ses livres et ses collections de limaces, n'a pas le loisir de la surveiller ; elle a de mauvaises fréquentations, mais malgré tout sa santé résiste encore à l'intoxication des lectures et des causeries dangereuses. Cependant voici Claudine à Paris *qui se laisse séduire par la grâce mondaine de son cousin Renaud, quadragénaire élégant et discret, et nous voyons entrer* Claudine en ménage. *A propos de ce troisième roman, on évoqua le scandale jadis soulevé par les* Deux Amies *de M. Maizeroy. En effet,* Claudine en ménage *nous conte l'aventure de la jeune épouse avec la séduisante Rézi. Et cette aventure plutôt charmante que tragique est cependant suivie d'un profond repentir.*

« Claudine en ménage *est une œuvre qui révolutionnera, sans les révolter, les amateurs de vérités nues. C'est une œuvre sincère, écrite si délicieusement que des larmes de joies en viennent aux paupières des épris d'art naturel. Ce livre de morale ultra moderne, n'est pas cependant un livre pour les boulevards parisiens. Il arrive de plus loin que la vie frelatée de notre temps. Il sort du fond des forêts antiques où la jeune druidesse vierge s'offrait sauvage-*

ment aux embrassements... » déclare Mme Rachilde dans le Mercure de France.

Ces trois romans obtinrent un prodigieux succès qui comptera parmi les plus importants de la librairie contemporaine. Claudine à Paris *fut mise au théâtre et Willy trouva, pour incarner l'écolière parisianisée, une interprète parfaite. Mlle Polaire, n'était alors connue que par ses créations excentriques de cafés-concerts, ses toilettes et sa voiture. Willy, malgré de nombreuses résistances, exigea que le rôle fût confié à cette actrice audacieuse et inexpérimentée, qui récompensa sa confiance en se montrant la Claudine rêvée, exacte, vibrante, spontanée, effrontée et timide à la fois. A la scène, Mlle Polaire n'a pas joué, elle a vécu Claudine avec une vérité, une sûreté, une sincérité qui ne s'est pas démentie durant toute la longue carrière de cette comédie. Par ce double succès dramatique et littéraire, le nom, le type de Claudine se popularisa ; la chanson, les dessins, les modes propagèrent par le monde le nom et l'image de l'héroïne de Willy. Au bal public d'abord, dans la rue ensuite, nous avons croisé le tablier noir, les cheveux « de petit pâtre bouclé », les jambes nues d'innombrables Claudines. Imitée, Claudine fut bientôt dénaturée par l'engouement public. De tous côtés surgissaient de fausses Claudines à l'Ecole, à Paris, surtout en Ménage. Aussi, pour protester, car elle est une petite personne hautaine et délicate,* Claudine s'en Va. *Ce quatrième volume est l'histoire des amies de Claudine plus que l'histoire de Claudine. Il semble que prise de pudeur, un peu inquiète, un peu triste de tant de rumeurs, elle ait désiré, pour quelque temps, faire autour d'elle un peu d'ombre et de silence. Elle a voulu cacher quelque chose de ses tendresses, de ses rêves, de ses inquiétudes. Et de cela nul ne saurait la blâmer. A cause de sa franchise elle a mérité le bonheur. Souhaitons-le lui, ample et certain, jusqu'à l'heure prochaine où elle nous reviendra souriante et apaisée, plus forte d'avoir aimé et souffert, rayonnante de toute sa vie de tendresse exquise, de loyauté, de caprice charmant et de rêves.*

Ce que nous n'avons pas dit, c'est le style simple, délicieux et clair, enlaçant et capricieux comme elle, dont Claudine habille ses confessions. Ah! quel que soit le jugement moral qu'on portera sur la fillette ingénue et précoce, nul ne niera qu'elle donne à ses pires aveux cette vérité du style et cette noblesse de l'art, qui l'excuse et la rend plus belle :

« Elle parle dans une fièvre gaie, un bras nu levé, « dessinant de l'index ce qu'elle dit. Je suis dans « le demi-jour ce bras blanc et sinueux, dont le « geste rythme ma lassitude et l'adorable tristesse « qui m'enivre...

« Je voudrais qu'elle fût triste comme moi, comme « moi recueillie et craintive devant les minutes qui « nous échappent, qu'au moins elle me laissât à « mon souvenir... Elle est délicieusement jolie, à « présent. Tout à l'heure, elle fut passionnément « belle...

« Comme blessée à la première caresse, elle tourna

*« vers moi une merveilleuse figure de bête, les sour-
« cils bas, la lèvre relevée et meurtrière, une expres-
« sion forcenée et suppliante... Puis tout fondit dans
« l'offre effrénée, dans l'exigence murmurante, dans
« une sorte de colère amoureuse, suivie de « Merci... »
« enfantins, de grands « Ah! » soupirés et satisfaits,
« comme une petite fille qui avait bien soif et qui a
« bu d'un trait jusqu'au bout de son haleine... »*

Ces qualités de l'œuvre d'art, toute la Critique fut unanime à les reconnaître et à les louer. Elle sont suffisantes pour garantir à Claudine une longue existence dans la mémoire charmée de ceux qui la connaîtront.

« Pour moi, écrit M. Marcel Boulenger, qui nourris un goût presque inavouable envers la grammaire française, le dictionnaire de l'Académie, envers tout ce qui sent la tradition, la pédanterie et la perfection, j'eusse éprouvé un plaisir particulier... à monter en chaire et à professer : « Voici un bon, un excellent livre adroitement composé pour telle et telle raison : le style en est savoureux et fort, écoutez plutôt. Il en émane une volupté inavouable et une séduction péremptoire, parce que... » Hélas! je ne ferai jamais cette conférence. Ce ne serait qu'un jeu pourtant de démontrer le charme quasi classique de Claudine s'en va. *Un enfant s'en tirerait pourvu qu'il sût déjà lire à haute voix. »*

Gil-Blas, 18 avril 1903.

IV

N'étant pas ministre, ni même
Sénateur, non plus que préfet,
Bien que j'aime le travail fait,
J'ai peu de loisir pour la flème

Au rebours du roi d'Yvetot,
Je dors fort peu, quoique sans gloire,
Et, couché tard dans la nuit noire,
Le matin, je me lève tôt.

D'une œuvre, une autre me repose;
Dans les tiroirs les plus divers
J'enfourne des chansons (en vers),
Sans compter les romans (en prose).

C'est gai. Ça l'est depuis vingt ans
Et, comme le vieux, je persiste;
N'empêche que je serais triste,
Parfois, si j'en avais le temps.

Si j'en avais le temps encore,
Je regarderais couler l'eau,
Tandis que le tremblant bouleau
S'éclaire de lune ou d'aurore.

Et, dans un rêve, je me vois
Près de Claudine aux yeux magiques,
Oubliant toutes les musiques
Pour écouter rire sa voix.

Ainsi se présente lui-même M. Willy, et voici comment l'Ouvreuse nous l'offrait il y a quinze ans:

« Willy est un blond clairsemé, poupin, un peu fat, de grosses lèvres de jouisseur, des yeux de myope, frais encore. A des succès féminins nombreux et le laisse savoir. En musique, ne possède que des notions délicieusement vagues... (1). »

(1) *Art et Critique*, n° 28, du 7 décembre 1889.

Et M. Willy continue à se blaguer *lui-même avec une exagération qui indique assez qu'il ne faut en rien croire. On le reconnaîtra mieux dans ces lignes de M. Henry Bataille :*

WILLY

« *La vie n'a pas déformé le bonheur tranquille des lignes. La volupté laisse seule quelques empreintes molles... Est-ce la volupté? On sent en tous cas que le rire n'est pas le but de cette intelligence... On doute... C'est trouble... Qu'est-ce?* » (Têtes et Pensées. *Ollendorf 1901.)*

En parallèle à cette esquisse tracée par un ancien ami, nous citerons ce passage d'Aimienne, *témoignage posthume d'un attachement qui ne s'était pas démenti. Willy, parmi nous tous, sous le nom de Silly, se profile un instant aux pages de ce livre :*

« *Physiquement, Silly est chauve, — il serait inutile de le nier. Je n'apprendrai à personne que son « genre de talent » consiste à oser le plus impudent mélange d'érudition et de fantaisisme. Les circonstances en ont fait le critique musical que vous savez, mais soyez sûr qu'algébriste il eût fait du calcul intégral par calembours... et c'eût été très bien aussi.*

« *Silly est marié. Il appelle sa femme Jeannette... vous croyez peut-être que c'est parce qu'elle s'appelle Jeanne? pas du tout, elle s'appelle Renée; Jeannette est son nom de famille. En échange elle l'appelle*

Silly comme tout le monde... Personne n'a jamais su le prénom de Silly. Elle l'appelle aussi « le doux Maître », « le gros Chat », « la Doucette », et « le Bleu »... Ces appellations conviennent à des circonstances particulières... Jeannette est gracieuse et jolie. »

Jeannette... c'est-à-dire Mlle Gabrielle Claudine Colette, fille du commandant Colette, que Willy alla chercher dans sa lointaine province pour l'épouser. Qui donc ignore cette élégante silhouette de jeune femme intelligente qui s'est faite la collaboratrice et la camarade dévouée de son mari et qui a publié récemment de si délicieux Dialogues de Bêtes. *Son image reste inséparable de celle de Willy. Aux grands jours de Paris, aux fêtes et aux premières, elle sourit dans l'ombre du feutre à bords plats du père de Claudine. Et, de la sentir à son bras, curieuse et gracieuse, M. Henry Gauthier-Villars semble plus heureux, plus bienveillant. Car, malgré tout, c'est un grand fond de bonté qui remplit le cœur de Willy. Aujourd'hui, dans la gloire, il demeure toujours l'homme simple, spirituel, un peu enfant qu'il était aux premiers spectacles des théâtres d'art de 1886 à 1896. Certes, il a fallu ajouter de nouveaux traits à son image, mais dans ces anciens portraits on retrouve déjà les lignes essentielles qui caractérisent pour nous le Willy d'à présent.*

Caractère spontané, esprit habile et naïf, il a gardé, semble-t-il, quelques-unes des qualités de la fillette parisienne ; cette tendresse, cette douceur dissimulées sous le masque de l'ironie, nous disent assez les inquiétudes secrètes d'une âme que blessent plus qu'on ne croit, les injustices, les soupçons ou les haines. Serviable, il a montré en maintes circonstances, que ses rancunes ne tenaient pas devant le malheur. Confiant, plus qu'il ne veut le paraître, en la loyauté d'autrui, il a la colère facile et promptement apaisée. Et ces divers côtés nous expliquent déjà son patriotisme ardent, étalé si souvent et dont l'expression souleva jadis, à cause d'une hyperbole de langage, tant de clameurs indignées à tort (1).

Ils nous expliquent aussi ces nombreuses polémiques, son vif désir de ne pas laisser égarer l'opinion sur son compte (2).

V

En outre des ouvrages mentionnés au cours de cette étude et de ceux dont on trouvera l'énumération dans la notice bibliographique, ajoutons que

(1) Enquête sur le Protestantisme, *Action française*. 15 mai 1900. Discours de M. Léon Bourgeois. etc.

(2) A noter une querelle avec *la Croix de Reims* (oct. 1903), qui ayant taxé *Claudine à Paris* d'immoralité fut obligée par Willy à insérer les opinions de tous les critiques rectifiant ce jugement injuste. A noter aussi que Willy eut avec M. Mangeot, directeur d'une gazette musicale, une polémique assez violente : injures, huissiers, rien n'a manqué à la fête ; mais un incident de cette querelle, plutôt cruel pour le pau-

M. Willy a fait jouer aux Bouffes-Parisiens le Petit Jeune Homme, *comédie où Mlle Polaire retrouva le succès de Claudine, que le Gymnase répète une autre pièce* le Friquet *et qu'un nouveau roman,* Minne, *paraît ces jours-ci chez Ollendorf.* Minne *est, nous dit son éditeur, l'aventure étrange et passionnante d'une petite Claudine parisienne, plus jeune que la gobette de Montigny — quatorze ans — et victime d'une imagination singulièrement dévergondée...*

Tant de succès, tant d'œuvres passionnées n'ont pas été sans soulever contre Willy certaines critiques le plus souvent verbales; à ceux-là que Henri Heine comparaît aux « pigeons portant aux pattes des lampions d'un sou et qui se croient des aigles de

vre directeur, mérite d'être signalé; la rosserie adroite de Willy y éclate dans toute sa verve.

Sous le voile de l'anonymat, il envoya à la gazette ennemie le sonnet suivant, d'allures séduisantes :

M*usique, tu me fus un palais enchanté*
A*u seuil duquel menaient d'insignes avenues.*
N*uit et jour, des vitraux aux flammes continues,*
G*lissait une adorable et vibrante clarté.*

E*t des chœurs alternant, — dames de volupté,*
O*réades, ondins, faunes, prêtresses nues, —*
T*oute la joie ardente essorait vers les nues,*
E*t toute la langueur et toute la beauté.*

S*ur un seul vœu de moi, désir chaste ou lyrique,*
T*a fertile magie a toujours, ô musique!*
B*ercé mon tendre songe ou mon brillant désir.*

E*t quand viendra l'instant ténébreux et suprême,*
T*u sauras me donner le bonheur de mourir,*
E*n refermant les bras sur le Rêve que j'aime!*

M. Mangeot, sans défiance, inséra la poésie, la loua et fut désolé quand Willy lui révéla qu'elle était acrostiche!!

Jupiter et pensent porter sa foudre », Willy pourrait répondre par ces mots d'Oscar Wilde : « La morale est toujours le dernier refuge des gens qui ne comprennent pas la Beauté. »

(Cliché Gerschel).

M. et Mme Willy

Minne ~~chevauche~~ [en fourche] elle aussi sa chimère
musicale. Une corde froissée, qui sonne ~~avec~~
~~un bout~~ [en] de tzimbalom, ~~encore~~ irrite,
au ~~fond~~ [bord] de ses oreilles, au creux de son
~~épigas~~ estomac quelque chose qui ~~frémit~~
~~et~~ se crispe, délicieusement... Renversée,
les ~~paupières closes~~ [yeux clos], elle accorde au ~~rythme~~ [[illegible]]
de ~~Chopin~~ [la Tzigane] le balancement de son rocking-
chair et de son rêve.

Aujourd'hui même ~~les abords~~ [à cette heure précise] les [illegible]
fortifications s'emplissent de vacarme ~~et~~
[à force] de lumières. Une Fête, la Fête d'un Peuple
qui s'amusait, ~~les~~ [sans] éphémères, Casque-de-Cuir,
[et son autre [illegible]] bruits aux oreilles de Minne qui se soucie,

OPINIONS

De M. Émile de Solenière

Comme la plupart des figures autour desquelles s'esquisse une légende, Willy n'est peut-être pas tout à fait exactement connu ; pour certains, pour « l'on dit », il n'est seulement que l'ironiste acerbe, caricaturisé par Léandre, sous l'aspect d'un être vaguement trapu, aux attaches énormes, et qui donne plus ou moins l'impression engueulatoire d'un colonel très en trogne, prêt à vous invectiver.

En réalité, personnage multiforme et beaucoup plus complexe, les diverses et différentes charges que l'on pourrait faire de lui correspondraient aux apparences nombreuses sous lesquelles nous le connaissons. Willy, c'est la faconde piquante, alliant le rire de Rabelais aux finesses d'un Athénien délicatement boulevardier, tout de nuances si tendres qu'elles ne gardent de la couleur que le reflet, mots si fins qu'ils sont des pensées qui n'auraient presque pas d'enveloppe, note si incisive et tellement exacte qu'elle cingle sans paraître effleurer et définit comme d'un trait.

L'Ouvreuse, c'est la créatrice d'une critique sans périphrases, sans baragouin et sans circonlocutions, c'est l'esprit pétillant, sachant se mettre au service du commentaire sérieux, c'est le maximum d'impressions dans le minimum des formules, l'hilarante satire faisant la grimace au Conservatoire, pouffant de rire au nez de la scolastique, disant d'instinct en jugeant de raison et alliant, faculté rare, la perspicacité de l'observateur au coup d'œil de l'intuitif.

Willy, Paris, 1903.

De M. Marcel Boulestin

VIE DE WILLY, GENDELETTRES

L'année que Willy naquit ne fut marquée par aucun autre événement exceptionnel. A cette époque il s'appelait, avec plus d'emphase, Henry Gauthier-Villars. Il lut d'abord dans les astres et les livres d'astronomie, puis se tourna vers l'histoire naturelle. Le *Chat-noir* le guettait où il publia des fantaisies étincelantes de mauvaise foi.

Un jour, entendant *Mignon*, il eut une révélation et comprit soudainement ce qu'était la pire musique : tout ! que devait-elle être ? Rien !... Après une nuit passée dans son poêle à réfléchir, il décida d'être critique musical. Ainsi commencèrent les *Lettres de l'Ouvreuse* dont la renommée fit pâlir et trembler les étoiles (de théâtre).

Il écrivit des romans et des études historiques pour ne pas se faire remarquer, jusqu'au jour où il s'occupa de *Claudine*. A partir de cette époque, nous avons des renseignements plus exacts encore que contradictoires sur sa vie publique et privée. Elles se confondent étroitement.

Doué d'une infernale adresse à faire croire au public ce qui n'est pas et à lui dérober ce qui est, Willy sut tromper les plus perspicaces historiographes. Quel lecteur, même averti, pénétrera le mystère de cette divinité en trois inquiétantes hypostases : Claudine, Colette, Polaire ? Quant à la trimourti

Willy-Renaud-Maugis..... Dans l'esprit desdits lecteurs, potiniers, et qui s'appuient sur des faits d'ailleurs véridiques mais soigneusement dénaturés, l'ordre de ces facteurs est interverti et, dirai-je, inverti. La vérité est que, Claudine dénichée, Willy, repris par sa première passion, l'astronomie, s'éprit d'*alpha* de la Petite Ourse ; après quoi, il retourna à sa chère zoologie, d'où son intérêt pour le *Friquet.*

Les raisons qui déterminent en lui ces brusques changements sont — pure hypothèse — le caractère même de cet homme, fantasque, capricant et volontaire, qui, soucieux de cacher des vertus, se plait à brandir l'orgueil de ses vices — comme un sabre au soleil ; son amour du nouvéau et du renouveau ; le sadique agrément qu'il trouve à alimenter de scandales les salons de la ville, et, par-dessus tout, son bon plaisir.

Ce gendelettres est une des plus curieuses figures de ce commencement de siècle flétri par les moralistes, les historiens, les journalistes, voire les députés. Il appartiendra à l'érudit impartial de fixer définitivement la place et le caractère vrais de cet homme à plusieurs noms, de cette âme à plusieurs facettes. Nous sommes trop près de lui et de son ère pour en discourir justement.

Il portait, le jour qu'il découvrit l'étoile Polaire, un chapeau de forme haute, de feutre et à bords plats, un complet d'étoffe pelucheuse, cette étoffe que les Bretons appellent « tweeds » et un gilet rouge ; il fumait des cigarettes à bouts dorés faites pour lui, dit la Chronique, de tabacs qui nous sont inconnus.

Petite Revue du Midi, 19 mai 1903.

De M. Jean Lorrain

Il faut convenir que cette *Claudine* est une personne qui, depuis deux ans, a fait beaucoup parler d'elle ; elle s'est tirée à cinquante mille comme du Zola ou du Mirbeau, et s'est fait même mettre en pièce par Mlle Polaire, invraisemblable de minceur, Egyptienne et brucolaque (cliché connu), exquise en son sarrau taché d'encre d'écolière insatiable et rebellée... *Claudine en Ménage* est un livre que les maris ne peuvent laisser lire à leur femme, à moins que ce ne soit un livre que les femmes ne se soucient pas de laisser lire à leurs maris.

Les Liaisons dangereuses du XXe siècle, a-t-il été chuchoté, insinué et redit..... Willy a, sans le vouloir, écrit *Le plus heureux des Trois*, et nous voici loin de *Mademoiselle Giraud, ma Femme*, que l'époux trompé noyait bel et bien de ses propres mains.

Le mari de Willy, lui, fait de ses propres mains le ménage de *Claudine en Ménage* ; mais la surprise de ce livre c'est que, jusqu'ici libertin, il devient tout à coup moral...

Le Journal, 29 mai 1902.

De M. Jacques Bainville

sur CLAUDINE A PARIS

On a le plus vif plaisir à revoir la jeune Claudine. Abandonnant l'école de Montigny et ses fantaisies dont elle conserve un alangui souvenir, c'est de Paris qu'elle écrit son histoire dans une langue mêlée, imprévue et savoureuse.

Exquise créature qui se permet toutes les libertés de parole et d'imagination, mais qui sauve tout par sa « tenue ».

Si elle n'a pas de vice, elle n'a pas davantage de vertu, à la vérité. Dans une ignorance absolue de ce que peut être le péché ; elle ne « fait pas mal », comme elle dit avec une naïveté piquante et nouvelle dans sa bouche, parce qu'elle n'a « même pas l'envie de faire mal ».

Un docteur dira donc qu'elle n'y a point de mérite. Et ce pourrait porter un profane à la traiter de petit monstre — quand on se rappelle avec cela comme elle battait méchamment sa Luce — si le débat généreux qui termine le livre ne montrait que la froide interlocutrice des colloques avec le joli Marcel est bien la meilleure petite fille qu'on puisse imaginer.

Portrait-charge de Willy par Léandre.

Et malgré tout, malgré que ce roman finisse honnêtement par un mariage et qu'on n'y commette point tout ce qu'on trouve à l'ordinaire dans les fables de certains moralistes patentés, il ne manquera pas de gens pour crier au scandale. *Claudine à Paris*, nous donnera donc l'occasion de rappeler que l'on doit distinguer la simple licence et la pornographie. Crébillon et le marquis de Sade, Willy et M. Octave Mirbeau. Il est une manière lourde, sérieuse, tendue, de traiter certains sujets, de les mêler à des questions d'un autre ordre et d'intéresser la sensualité à l'effet d'obscurcir la raison : ainsi fait un Zola pour l' « idéal moral », un Tolstoï pour l' « idéal social » ; ainsi M. Joseph Reinach peignait les tortures physiques de Dreyfus afin d'émouvoir les nerfs en même temps qu'il exaltait l'imagination métaphysique par des appels à la justice abstraite : mettant de la sorte les esprits hors d'état de se former un jugement raisonné. Et n'était-ce pas ainsi déjà que procédaient Rousseau et Diderot ? Il ne serait sans doute pas exagéré de dire que les poèmes d'un Hugo, qui ébranlent la sensibilité en faveur de chimères politiques, sont aussi de la pornographie en quelque manière. Il est tels livres de Michelet — et je parle des livres d'histoire pure — qui exercent plus de ravages chez un adolescent que les romans dont le gardent soigneusement ses maîtres. A l'amusement que donne à la curiosité sensuelle un conteur licencieux, on ne peut comparer le désordre que portent dans les esprits les écrivains romantiques et sentimentaux. Et les pages les plus chastes de *Travail* éveillent dans de jeunes cœurs des passions plus funestes que toutes les effronteries de la Claudine de Willy.

L'Action Française, 15 janvier 1901.

De M. André Beaunier

sur CLAUDINE A L'ÉCOLE

C'est le journal d'une petite pensionnaire. Ces œuvres sont souvent un peu fades. Oh ! ne craignez pas ici cet inconvénient. Non, pas du tout. Et parce que Willy prétend en avoir reçu le manuscrit « noué d'une faveur rose », ne vous hâtez pas d'en abandonner la lecture à des fillettes excessivement candides. Cette petite Claudine de quinze ou seize ans n'avait pas ses yeux dans sa poche ; même elle était merveilleusement clairvoyante. Il se passait de singulières choses au pensionnat de Montigny-en-Fresnois. Claudine a tout vu, tout raconté, avec une ingénuité presque inquiétante, et l'on admire la sûreté de l'information chez cette précoce petite personne. Elle a vu ceci et cela, etc. Elle a vu aussi de très amusants délégués cantonaux, actifs, sûrs d'eux-mêmes, confiants dans l'importance de leur mission,

WILLY et POLAIRE
par CAPPIELLO.

préoccupés d'inspirer autour d'eux une crainte respectueuse, préoccupés aussi de plaire ; et des institutrices mélancoliques, et d'autres qui sont intrigantes, ou bien coquettes, ou bien pédantes, ou bien délurées, et parfois aussi tout cela tout ensemble ; et des examinateurs et des candidates, ceux-là très intimidants, lles-là peu timides. La scène des examens est délicieuse et les types divers de tout ce petit monde des écoles sont attrapés avec une verve charmante, un entrain, une gaieté plaisante. A présent Claudine a son brevet : « Adieu, la classe, adieu, Mademoiselle... adieu, féline petite Luce et méchante Anaïs ! Je vais vous quitter pour entrer dans le monde ; — ça m'étonnera bien, si je m'y amuse autant qu'à l'école. »... Ça ne m'étonnerait pas qu'elle s'y amusât autant qu'à l'école ; même c'est bien à craindre... Mais comme elle écrit, cette Claudine ! avec quelle habileté, quel esprit, quelle délicatesse ! comme elle sait dire les choses les plus difficiles avec un art subtil, — subtil et simple, presque classique, si je ne me trompe. Willy peut être fier d'avoir patronné les débuts d'un si rare et parfait écrivain.

Journal des Débats, 20 mai 1900.

De M. Paul Dupray

sur CLAUDINE A L'ÉCOLE

Dans *Claudine à l'École* de Willy la note scabreuse est filée avec une infinie adresse !... C'est seulement quand on a tourné l'ultime page qu'on éprouve un frisson en songeant aux malices expertes et aux savantes curiosités de Claudine, tandis que sous son œil sagace, fureteur et fin, la maîtresse, la sous-maîtresse et le délégué cantonal s'organisaient l'existence la plus confortablement immorale. N'allez pas croire au moins que ces mœurs singulières sévissent en toutes nos écoles. Willy n'a point entendu faire le procès de l'enseignement primaire, mais il fallait bien fournir un prétexte à Claudine, lui donner l'occasion d'exercer sa verve, et sa rosserie naturelle. Car elle est incroyablement « rosse », Claudine, et d'une philosophie que ne parviennent à troubler nul découverte et nul spectacle. D'ailleurs, pas vicieuse pour un sou : un seul penchant à la tendresse, laquelle ne s'égare un instant que pour se donner la joie de souffrir et de pardonner ; car si Claudine est « rosse » elle n'est point méchante. Peut-être même fera-t-elle un jour une fiancée très savoureuse bien que terriblement avertie, et une mère de famille à la fois honnête et gaie. Nous retrouverons probablement Claudine dans le monde ; elle y entrera chargée de diplômes. Très heureusement douée, elle triomphera aux examens. En même temps qu'elle méritait la cote d'amour, Claudine se payait la tête des examinateurs et des camarades. Ici, je l'imagine, Willy n'a point travaillé de chic ; si Claudine excelle au calembour, elle sait voir et retenir; elle lui a donné et rédigé des notes excellentes. Voilà un petit livre spirituel, amusant, abondant en croquis exacts. Mais on y apprend aux écolières que les professeurs sont quelquefois ridicules, et que les institutrices ne sont pas toujours chastes. C'est évidemment un tort.

Indépendance Belge, 2 août 1900.

De M. Georges Casella

sur les trois CLAUDINE

Vivante à la façon des bêtes, Claudine obéit à tous ses instincts, et nous la connaissons tapageuse à l'école, amoureuse à Paris, inquiète et perverse en ménage. Née dans les champs, habituée à vivre au grand air, elle suit les cours comme on assiste au spectacle, et nulle volonté ne vient entraver la sienne impulsive et bizarre. Elle admet tous les vices, les recherche parfois parce qu'elle s'en amuse, mais elle est satisfaite de simplement les contempler.

Tous les préjugés dont elle rit dorment en elle.

Les jeux osés, les histoires scandaleuses, éveillent en son âme de gamin des sensualités de « voyeur », mais ils n'ont pas plus d'attrait à ses yeux que les gambades capricieuses de sa chatte Fanchette, et quiconque voudrait l'inviter à y prendre part la trouverait le corps tendu et les griffes en avant. Certes, elle regretterait de ne pas provoquer l'amitié un peu spéciale de la petite Luce, elle imaginerait sans doute les raffinements que l'abandon de son amie lui fait deviner, mais ces sensations ne sont qu'un vice superficiel : l'orgueil d'elle-même et sa chair l'empêchent de se livrer à ceux qu'elle domine ou qu'elle déconcerte. Et ce sera son tour d'être déconcertée lorsqu'elle rencontrera celui qui osera la contredire et la traiter en petite fille. Devant Renaud, elle goûte cette volupté d'être meurtrie, et elle comprend tout à coup Luce qui se pâmait sous ses « taraudées » et « se roulait la tête sur le bord de la fenêtre, là où le bois est usé... » Pour la première fois elle obéit, et elle aime Renaud soudain, d'avoir su commander : « ... obéir malgré soi quand on a mal et bon dans les genoux !... »

« Ma chère petite bête ! » dit Renaud, et voici Claudine amoureuse avec tout l'abandon d'elle-même, de son corps souple de chatte. Elle étudie avec surprise ses sensations physiques : « mon estomac se repetisse », mon cœur « fait bardado ». Elle se retrouve la même devant l'amour ou devant la colère, parce qu'elle n'est capable, au fond, que de sentiments tumultueux. Tout vibre d'elle lorsqu'elle s'émeut, tout Claudine, avec ses cheveux courts, ses yeux trop longs, ses jupes d'enfant, ses tabliers d'écolière : « la dentelle de mon petit tablier s'agite aux battements de mon cœur. » La Claudine insoucieuse est morte. Elle songe : « Ah ! Claudine, comme tu redeviens enfant en te sentant devenir

Portrait charge de WILLY, par Léandre.

femme. » Et parce qu'elle n'éprouve devant Renaud aucune fausse honte, qu'il est l'ami puissant et doux rêvé si bien par elle qu'il lui semble déjà avoir vécu près de lui. « Je l'ai vu *cinq fois*, je le connais depuis toujours.» — Elle comprend le secret de tous ses désirs : « Ma liberté me pèse, mon indépendance m'excède ; ce que je cherche depuis des mois — depuis longtemps — c'était sans m'en douter un maître. » Et comme elle s'offre avec une ingénuité adorable. Renaud, *l'homme à femmes*, sceptique et blasé, Renaud attendri s'exclame : « Claudine, petite fille renseignée par les mauvais livres, qu'y a-t-il dans le monde d'aussi pur que vous ! »

Mais voici, Renaud mari, n'est plus celui qu'elle entrevit. Faible et peu confiant dans la puissance éternelle de son ascendant, il se prend à choyer Claudine, et nul souci ne l'occupe plus que celui de ne pas la contrarier. Ses moindres volontés sont satisfaites. Les bonbons les plus savoureux lui sont offerts, aucune distraction ne lui est refusée, et Claudine dont les désirs sont innombrables, parce qu'elle a cet instinct animal qui la pousse vers ce qui brille ou ce qui séduit, s'attriste de ne pas avoir à lutter et d'être la même qu'auparavant, libre et jamais contrariée. Ainsi Renaud lui accorda la blonde Rézi comme un fruit doré dont elle eût voulu connaître le parfum. Les caractères ne « cordent » plus déjà. Claudine est maîtresse, Renaud est esclave... Il ne faut pas moins qu'une faiblesse de Renaud — qui succombe lui aussi au charme de Rézi — pour provoquer l'explication *nécessaire*, la rupture momentanée, après laquelle ils se retrouveront plus près l'un de l'autre, se comprenant enfin : Ils se sont considérés trop comme des exceptions, et Renaud doit être le maître que la folle Claudine a rêvé.

« Il me plaît de dépendre de vous et de craindre

un peu un ami que j'aime tant... Venez! songez que je viens d'attendre pendant quatre longs jours, mon cher mari, que vous ne soyez plus trop jeune pour moi!... »

M. Charles-Henri Hirsch, dans un remarquable article, *De Mademoiselle de Maupin à Claudine*, étudie les différents types de femmes créés par les romanciers français. Puisqu'il était question de Mademoiselle de Maupin, j'imagine que M. Hirsch eût pu citer l'étrange Raoule de Vénérande du *Monsieur Vénus* de Rachilde, elle eût servi à faire ressortir plus violemment l'antithèse qui existe entre la vertueuse Claudine et les femmes perverses auxquelles on l'accuse de ressembler.

M. Willy a créé un type nouveau et l'a *soutenu* durant trois volumes. N'est-ce pas la meilleure louange qui puisse lui être adressée? J'ajoute que le style des trois *Claudine*, particulièrement de *Claudine en ménage* est d'une pureté absolue et d'une harmonie plaisante.

Revue dorée, novembre 1902.

BIBLIOGRAPHIE

LES ŒUVRES (1)

Sonnets*, Paris, sans nom d'éditeur, 1878, in-18 (tirage à petit nombre sur Japon). — **Les Parnassiens**, par H. G.-V, Paris, Gauthier-Villars, 1882, petit in-8°. — **Mark Twain***, Paris, Gauthier-Villars *(Conférence Olivain)*, 1884, petit in-8°. — **La Photographie des Objets colorés avec leur valeur réelle**, par le professeur Docteur H. Vogel, traduit de l'allemand par Henry Gauthier-Villars. Figures dans le texte et hors texte. Paris, Gauthier-Villars, 1887, in-16. — **L'Éclairage des Portraits photographiques**, ouvrage de C. Klary, refondu et préfacé par Henry Gauthier-Villars, Paris, Gauthier-Villars, 1887, in-8°. — **La Platinotypie**, exposé théorique et pratique d'un procédé photographique aux sels de platine, permettant d'obtenir rapidement des épreuves inaltérables, traduit de l'allemand de Pizzighelli et Hübl, par Henry Gauthier-Villars (avec planches), Paris, Gauthier-Villars, 1887, in-8°. — **Lettres de l'Ouvreuse**, voyage autour de la musique (en collaboration avec Alfred Ernst), Paris, Vanier, 1890, in-18. — **Histoires Normandes** (en collaboration avec Léo Trezenik), Paris, Ollendorff, 1891, in-18. — **Manuel de Ferrotypie*** (avec une préface par Willy), Paris, Gauthier-Villars, 1891, in-8°. — **L'Année Fantaisiste**, tome I, illustrations de Alb. Guillaume, Paris, Delagrave 1891, in-18°. — **Comic-Salon** (Champs-Elysées et Champ-de-Mars), dessins de Christophe, Paris, Vanier, 1892, in-18. — **L'Année**

(1) Les astérisques placés au cours de la présente bibiographie servent à désigner les ouvrages de Willy, qui parurent sous la signature d'Henry Gauthier-Villars. (Ad. B.)

Fantaisiste, tome II, illustrations d'Alb. Guillaume, Paris, Delagrave, 1892, in-18. — **Bains de Sons**, (en collaboration avec ALFRED ERNST), couverture de Job, Paris, Simonis-Empis, 1893, in-18. — **L'Année Fantaisiste**, tome III, illustrations d'Alb. Guillaume, Paris, Delagrave, 1893, in-18. — **L'Année Fantaisiste**, *tome* IV, illustrations d'Alb. Guillaume et de Godefroy, Paris, Delagrave, 1894, in-18. — **Les Enfants s'amusent** (en collaboration avec PIERRE VEBER), couverture illustrée de Jean Veber, Paris, Simonis-Empis, 1894, in-18. — **Soirées Perdues**, couverture illustrée d'Alb. Guillaume, Paris, Tresse et Stock, 1894, in-18. — **Rythmes et Rires** (en collaboration avec ALFRED ERNST) Paris, Bibliothèque de la Plume, 1894, in-18. — **La Mouche des Croches**, couverture illustrée par de Ber, Paris, Fischbacher, 1894, in-18. — **L'Année Fantaisiste**, tome illustrations de Godefroy, Paris, Delagrave, 1895, in-18. — **Entre deux Airs**, couverture illustrée, de Job, Paris, Flammarion, 1895, in-18. — **Une Passade**, roman (en collaboration avec PIERRE VEBER), Paris, Flammarion, sans date [1895], in-18 (réimpression avec 50 illustrations de Barbu et Davray, Paris, Flammarion, 1903, in-18). — **Notes sans Portée**, couverture illustrée par José Engel, Paris, Flammarion, 1896, in-18. — **Poissons d'Avril**, couverture illustrée, non signée, Paris, Simonis-Empis, 1896, in-18. — **Quelques Livres** (année 1895), Paris, Bibliothèque de la Critique, 1896, grand in-8°. — **Maîtresse d'Esthètes**, roman, couverture illustrée d'Alb. Guillaume, Paris, Simonis-Empis, 1897, in-18. — **Les Mémoires d'un Grenadier Anglais**, par William Lawrence, traduit par Henry Gauthier-Villars, Paris, Plon, 1897, in-18. —**L'Argonaute**, roman bouffe (en collaboration avec Andrée Cocotte), illustrations de Lucien Métivet, Paris, Juven, 1897, in-18. — **Fervaal***, étude thématique et analytique (en collaboration avec PIERRE DE BREVILLE), Paris, Calmann-Lévy, s. d. [1897], in-8°. — **Un vilain Monsieur**, roman, couverture illustrée d'Alb. Guillaume, Paris, Simonis-Empis, 1898, in-18. — **La Colle aux**

Quintes, couverture illustrée par José Engel, Paris, Simonis-Empis, 1899, in-18. — **A manger du Foin**, couverture illustrée d'Alb. Guillaume, Paris, Simonis-Empis, 1899, in-18. — **Mémoires d'un Vétéran de la Grande Armée, 1791-1800**, par J. C. Vaxelaire, publiés et annotés par Henry Gauthier-Villars, Paris, Delagrave, sans date, [1900], in-18. — **Le mariage de Louis XV*** d'après des documents nouveaux et une correspondance inédite de Stanislas Leczinski, avec deux portraits en héliogravure, Paris, Plon et Nourrit, 1900, in-8°. — **Claudine à l'Ecole**, roman, couverture illustrée par E. della Sudda, Paris, Ollendorff, 1900, in-18, — **Garçon l'Audition!** couverture illustrée par G. Lamy, Paris, Simonis-Empis, 1901, in-18. — **La Ronde des Blanches**, couverture illustrée par G. Lamy, Paris, Librairie Molière, 1901, in-18. — **Claudine à Paris**, roman, couverture illustrée par Rassenfosse, Paris, Ollendorff, 1901, in-18. — **Dans le Noir**, roman drôlatique (en collaboration avec Andrée Cocotte), couverture illustrée par G. Lamy, Paris, Librairie Molière, 1901, in-18. — **L'Odyssée d'un petit Cevenol***, illustrations de J. Geffroy, Paris, A. Hennuyer, sans date, [1901] in-4°. — **Claudine en Ménage**, roman, Paris, Société du « Mercure de France », 1902, in-18. — **Pi...houitt!...** nouvelles (en collaboration avec Andrée Cocotte), couverture illustrée par B. Rabier, Paris, Librairie Molière, 1902, in-18. — **Claudine s'en va**, roman, couverture illustrée par E. Pascau, Paris, Ollendorff, 1903, in-18. — **La Maîtresse du Prince Jean**, roman, illustrations de J. Wely, avec la plaidoirie de Me Paul Boncour (cette curieuse partie manque à la plupart des exemplaires), Paris, Albin Michel, 1903, in-18. — **L'Automobile Enchantée*** (en collaboration avec Trémisot), illustrations de R. Pinchon, Paris, Delagrave, 1903, petit in-4°. — **Le petit Roi de la Forêt***, avec de nombreuses gravures, Paris, Hachette, 1903, in-8°. — **La môme Picrate**, roman, couverture illustrée de J. Wely, Paris, Albin Michel, 1904, in-18.

THÉATRE

Bastien et Bastien, opéra-comique en un acte, musique de W. Mozart, version française de Henry Gauthier-Villars et C. Hartmann, première représentation à l'Opéra-Comique, le 9 juin 1900 (édition Schott's). — **Claudine à Paris**, comédie en trois actes, précédée d'un prologue en un acte : **Claudine à l'École**, par Willy et Luvey (Lugné-Poë et Ch. Vayre), première représentation le 21 janvier 1902 ; reprise au même Théâtre le 11 mars 1903 (non publiée). — **Médecine aux Champs**, comédie en un acte (en collaboration avec Andrée Cocotte), représentée au Théâtre des Mathurins en 1902. Paris, Librairie Molière, 1903, in-18. — **Le p'tit jeune Homme**, comédie en trois actes de Willy et Luvey, première représentation aux Bouffes-Parisiens, le 29 avril 1903 (non publiée). — **Serment d'Ivrogne**, vaudeville en un acte (en collaboration avec Andrée Cocotte), première représentation au Théâtre Moderne, le 4 octobre 1903 (non publié). — **P'stt !**, vaudeville en un acte (en collaboration avec Andrée Cocotte), première représentation au Théâtre des Mathurins, le 9 janvier 1904. Paris, Librairie Molière, s. d. (1904), in-18. — En Préparation : **Le Friquet**, comédie en quatre actes, tirée du roman de Gyp.

PRÉFACES

Récits de Rhamsès II, contes, (sans nom d'auteur) Paris, Simonis-Empis, 1894, in-18. — **Artistes et Bourgeois**, de Jossot, album de 24 dessins en couleurs, Paris, G. Boudet, 1894, in-4°. — **Le Pacte**, dialogue de X. Marcel Boulestin, Paris, Soc. d'Edit. littér. et artist., 1899, petit in-4°. — **La Musique de chambre**, 2 volumes, (sans nom d'auteur), Paris, (1898 et 1899), Pleyel, Wolff, Lyon et Cie, in-12. — **Y a des Dames**, album de dessins d'Albert Guillaume, Paris, Simonis-Empis, 1899, in-18. — **Dispensé de l'article 23**, de Paul Acker, Paris, Simonis-Empis, 1901, in-18. — **Trois semaines d'Amour**, de Paul léon, Paris, Simonis-Empis, 1901, in-18. — **Le jeune Marcheur,** d'Alphonse Crozière, Paris, Simonis-Empis, 1901, in-18. — **Notules et Impressions musicales,** d'Eugène de Solenière, Paris, Sevin et Rey, 1902, in-18. — **L'Amour en dentelles,** album de dessins de Prejelan, Paris, Simonis-Empis, 1902, in-18. — **Le P'tit Jeune homme,** de Charles Vayre, Paris, Offenstadt, 1903, in-18. — **Les Amours célèbres,** de Léon Passurf. *Bibliographie des ouvrages relatifs aux relations intimes des personnages historiques,* Paris, H. Daragon. — **Violons et Violonistes,** d'Alberto Bachmann. Paris, Fischbacher. (Ces deux derniers ouvrages sont actuellement sous presse).

JOURNAUX ET PÉRIODIQUES

Collaboration très active depuis 1878. Beaucoup d'articles, d'études, introuvables aujourd'hui. Nous signalerons seulement, pour mémoire, quelques-unes des plus importantes parmi les collaborations de notre auteur.

La Liberté du Jura (1878), articles de début, contes, nouvelles, critiques, etc. — **La Batte,** 25 mars 1888-octobre 1888. — **Lutèce** (1885-1886), articles « tintamaresques » et critique musicale sous la signature d'Henry Maugis. — **Le Bon Journal** (24 avril 1890). — **Echo de Paris** (1890-1903), collaboration assidue ; nouvelles, critique musicale, les comptes rendus des concerts sont signé «l'Ouvreuse du Cirque d'Eté ». — **Mercure de France** (1891). — **Gil Blas** (1890-1903), collaboration irrégulière. *Claudine au concert* (articles hebdomadaires, en collaboration avec Colette du 12 janvier au 29 juin 1903); *Claudine au Conservatoire* (même collaboration, du 17 au 31 juillet 1903). Des Vers. — **Le Nouvel Echo** (1892), chroniques et fantaisies. — **Le Chat Noir** (Willy, rédacteur en chef en 1897). — **Revue Bleue** (1892-1895), articles historiques : *Toussaint-Louverture au fort de Joux* (23 janv. 1892); *Le carnet d'un officier bavarois* (11 juin 1892); *La bataille de Leipzig* (14 janv. 1893); *Une question de préséance au*

XVIIIe siècle (8 sept. 1894) ; *Le général Thiébault pendant les Cent-Jours* (29 décembre 1894). — **Revue hebdomadaire** (1894-1899), articles historiques, nouvelles, etc. ; *Agar, d'après des lettres inédites* (23 nov. 1895) ; *Hans de Bülow*, etc. (11 fév. 1899). — **Le Mascarille, L'ermitage.** (1895. — **La Revue Blanche** (1896-1898, critique musicale. Voir 15 mars 1896 : *Bayreuth et l'Homosexualité*, réponse à un article d'Oscar Panizza publiée par « Die Gesellschaft ». — **Journal Amusant** (1896-1904). — **Revue Encyclopédique** et **Revue Universelle** (1896-1904) : *Lemice Terrieux* (18 avril 1896). — Critique Musicale. — **Nouvelle Revue** (1897-1900 et 1903) : *Lettres de Sophie Arnould* (1er fév. 1897) ; *Les amours du prince Alexandre de Wurtemberg* (15 août 1900) ; *Un discours de Rostand* (1er mai 1903). — **La Quinzaine** (1898) : *Lavater* (1er mars). — **Revue Générale de Belgique** (1898) : *Le cas Nietzsche* (décembre). — **Revue Internationale de Musique** (Henry Gauthier-Villars, secrétaire de la rédaction pour une partie de l'année 1898). — **Le Supplément** (1902-1904) ; *Maugis amoureux*, roman. — **Fin de Siècle** (1902-1904) : *Madame de Joli-Cœur*, (Maîtresse d'Esthètes,) roman parisien (1902) — **Revue Musicale** (mars 1903) : *Qu'est-ce que la musique française ?* — **L'action française** (1903). — **Renaissance Latine** (15 mai 1903) : *Berlioz et Wagner*. — **La Vie Musicale** (1904). — **Le Courrier Musical** (15 janv. 1904) ; *Un renouveau de l'art religieux*. — **Monde artiste** (24 janvier 1904) : *La Réforme de la musique religieuse*. — **La Chronique des Livres. Weeckly Critical review. La Vie Galante. Journal musical** (1903-1094), etc., etc.

A CONSULTER. — **Paul Acker :** *Humour et Humoristes*, Paris. Simonis-Empis, 1899, in-18. — **Henri d'Alméras :** *Avant la gloire, Leurs Débuts*, Paris. Soc. française d'imprim. et de libr., 1902. in-18. — **Anonyme :** *Les Hommes du jour*, Eclair (8 mai 1901). — **Anonyme :** *Petit Bottin des Lettres et des Arts*, Paris (article inséré par Félix Fénéon). — **Anonyme :** *Claudine à Besançon*, Dépêche Républicaine de Besançon (23 sept. 1903). — **André Beaunier :** *Willy*, Journal des Débats

27 nov. 1898). — **J. Paul-Boncour :** *Plaidoirie pour M. Henry Gauthier-Villars* (*Willy*), *le 1er avril 1903 (Tribunal correctionnel de la Seine — 9e chambre)*, Poitiers, imprim. Blais et Roy, plaq. in-8° s. d. — **Marcel Boulenger :** *Claudine en ménage*, Renaissance latine (15 juin 1902). **Maurice Boutry :** *Les Livres*, Revue Universelle (16 fév. 1901). — **Adolphe Brisson :** *Revue des Livres*, Annales politiques et littéraires (27 novembre 1898 et 11 novembre 1900). — **Charles Canivet :** *Chronique littéraire*, Le Soleil (22 nov. 1900). — **Georges Casella :** *Les Trois Claudines*, Revue Dorée (Novembre 1902); *Chronique Littéraire* ,Revue illustrée (1er octobre 1903). — **Jacques Collandres :** *Nos artistes et les Sports*, Arts et Sports (20 avril 1904). — **Michel Corday :** *Les Livres*, La Lanterne (17 juin 1902). — **Paul d'Armor :** *La Vie littéraire. L'Ouvreuse et l'historien*, Le Signal (9 nov. 1900). — **Paul Dupray :** La Vie littéraire à Paris, L'Indépendance belge, 11 juin 1902. — E. G. (Emmanuel Glaser) : *Le Livre du jour, La Maitresse du Prince Jean*, Figaro 31 juillet 1903 ; du même : *La dernière de Willy*, Figaro, 19 janvier 1904. — **Félix Gautier :** *Henry Gauthier-Villars* (13 illustrations) Revue Illustrée, 15 juillet 1902. — **Félix Fénéon :** *Express-Silhouette*, Nouvel Echo, 15 février 1892. — **F. Funck-Brentano :** *A travers l'Histoire*, Revue Hebdomadaire, 19 janv. 1901. — **Henry Gauthier-Villars :** *Peints par eux-mêmes, Willy*, Cri de Paris, 31 août 1902. — **A. Gilbert de Voisins :** *Impulsion galante*, L'Art moderne, 22 juin 1902. — **Charles Henry Hirsch :** *De Mademoiselle de Maupin à Claudine*, Mercure de France, juin 1902. — **Jean Lorrain :** *Doit-on le lire ?* Le Journal, 29 mai 1902. — **Lucien Muhlfeld :** *Le Mariage de Louis XV*. Echo de Paris, 7 janvier 1901. — **Edmond Sée :** *Claudine à l'Ecole*, Le Journal, 8 mai 1900. — **Armand Silvestre :** *Un vilain Monsieur*, Journal, 25 nov. 1898. — **Eugène de Solenière :** *Willy*, Paris, Libr. Sevin et E. Rey, s. d. (1903) in-8°.

Voir en outre les notices biographiques ou bibliographiques de Joseph Uzanne *(Album Mariani)* ; de Robert de Flers (*Liberté*, 26 nov. 1900); du comte Fleury (*La Presse*, 10 nov. 1900) etc., etc.

ICONOGRAPHIE

Jack Abeillé : *Willy et Polaire*, dessin, inséré dans *Toute la troupe*, de Henri Sébille (p. 172), Paris, Méricant, 1903, in-18. — **Azambre** : *Portrait*, peinture, (appart. à M. Willy), — **Barbu-Davray** : *Dessins* insérés dans l'éd. d'*Une Passade* publiée par Flammarion, 1903, in-18. — **Barrère** : *Dessins à la plume*, publié dans le numéro 2 des *Coulisses*, mai 1902; *Portrait Charge*, « Almanach Willy », 1903, petit in-4°. — **Henri Bataille**, *Portrait*, lithographie publiée dans l'album *Têtes et Pensées*, Paris Ollendorff, 1901, in-fol. — **Jacques-Emile Blanche** : *Portrait*, peinture (Salon de la Soc. nation. des Beaux-Arts, 1899) reproduit dans la *Revue Encyclopédique* du 15 juillet 1899. — **Léal de Camara** : *Portrait Charge*, inséré dans *L'Assiette au Beurre (Les Académisables)*, n° 101, 7 mars 1903; *Portrait Charge*, carte postale illustrée, 1903, — **Cappiello** : *Portrait Charge*, inséré dans *Le Théâtre*, avril 1903. — **Charles Deprez** : *Willy-Claudine*, groupe bronze, cire perdue (app. à Polaire). — **Dornac** : *Willy chez lui* (Nos contemporains chez eux), photo reproduite dans *La Bavarde*, 5 juillet 1903. — **Ducourau** : *Photographie*, reprod. dans la *Revue Illustrée*, 15 juillet 1902. — **Fernand Fau** : *Dessin en couleur*, « Les Hommes d'aujourd'hui », N° 412, Paris, Vanier. — **Pierre Fracasse** : *Portrait charge*, carte postale en couleur. — **Geo**, *Portrait charge*, carte postale en couleur. — **Gerschel** : *Portraits*, photographie (série de 12 cartes postales illustrées, Willy and C°). — **Gil Baer** : *Caricatures* insérées dans le *Supplément*, années 1902, 1903, 1904. — **Godefroy** : *Caricatures*, insérées dans l'*Année Fantaisiste*, de Willy, années 1894 et 1895, Paris, Delagrave, édit. — **Albert Guillaume** : *Dessins et caricatures*, insérés dans l'*Année Fantaisiste*, de Willy, Paris, Delagrave, années 1892, 1893 et 1894. — **Sacha Guitry** : *Portrait charge*, inséré dans l'*Album des Connus et des*

Inconnus, imprim. Camproger, s. d. (1903); *Pointe sèche*, dans le *Gil Blas*, 4 juin 1904. — **Léandre :** *La vieille Gaieté française*, dessin charge, *Journal amusant*, 6 septembre 1902; *Portrait charge*, frontispice de l'*Argonaute*, Paris, Juven, 1897, in-18. — **Luc Leguey :** *Maugis*, dessin, *Supplément*, 5 avril 1904. — **P. Mathey :** *Portrait*, crayon, *Revue Illustrée*, 15 juillet 1902. — **Moriss :** *Caricatures* insérées dans l'*Indiscret*, 1902 à 1904. — **Myrton-Michalski :** *Portrait*, peinture (Salon de la Soc. nat. des Beaux-Arts, 1904), reproduit dans *Arts et Sports*, 9 avril 1904. — **Eugène Pascau :** *Portrait*, peinture (Salon de la Soc. des Artistes Français, 1903), reproduit dans la *Revue Théâtrale*, mai 1903; *Portrait charge*, reprod. dans l'*Almanach Willy*, 1904, et tiré en cartes postales (P. Varelli, édit.). — **Benjamin Rabier :** *Caricatures*, insérées dans le *Journal amusant*, années 1901 et 1904. — **Rip :** *Claudine et son Papa*, portrait charge, *Le Sourire*, 13 sept. 1902; *Dessin charge*, reprod. dans *Adeverul*, de Bucharest, 1903, et dans *La Vie en Rose*, 11 janv. 1903; *Portrait charge*, publié dans le *Jour*, 4 avril 1903. — **Sem :** *Willy, Colette, Polaire*, dessin, *Journal*, 2 juillet 1902. — **G. Sieben :** *Dessin*, couverture, *Claudine geht* (édit. allemande de *Claudine s'en va*), Budapest, G. Grimm, 1903, in-18. — **Claude Simson :** *Dessin à la plume* (app. à M. Henry Gauthier-Villars), reprod. en carte postale, 1904. — **Félix Vallotton :** *Masque*, inséré dans la *Revue Blanche* et reprod. dans l'ouvrage de E. de Solenière, *Willy*, Paris, Sevin et Rey, 1903, in-18. — **Jean Veber :** *Caricature*, couverture de *Les Enfants s'amusent*, de Pierre Veber et Willy, Paris, Simonis-Empis, 1894, in-18. — **J. Wely :** *Dessins*, couverture de *La Maîtresse du Prince Jean*, et de *La Môme Picrate*, Paris, Albin-Michel, 1903 et 1904, in-18. — **Widhopff :** *Dessin*, dans le *Courrier Français*, 6 juin 1903.

Voir en outre diverses reproductions photographiques dans le tome VII de l'*Album Mariani* (Paris, Floury, 1902), dans *La Revue Illustrée*, du 15 juillet 1902, et du 1er oct. 1903, dans la *Revue Sportive* (année 1903) dans l'*Almanach Willy* (1903 et 1904) Paris, Varelli éditeur, in-8°, et l'ouvrage de Eugène de Solenière : *Willy*, Paris, Sevin et Rey, 1903.

Ad. B.

Annonces commerciales inspirées par les œuvres de Willy

Lotion de Claudine (Boyer, préparateur, 108, avenue de Paris, La Plaine-Saint-Denis, Seine). — *Glace-Claudine*, chez Latinville, confiseur, Paris. — *Parfum de Claudine*, préparé par Théric, parfumeur à Marseille (Bouches-du-Rhône). — « *Le Claudinet*, col rabattu et cravate ornés biais pour dames et enfants. » Catalogue de *la Samaritaine*, avril 1903. — *Le parfum de Colette*, préparé par Delettrez, 15, rue Royale, Paris, — *Chapeau Claudine*, chez Lewis, rue Saint-Honoré, Paris, etc. (Communiqué).

TABLE DES MATIÈRES

TEXTE

Pages

Willy par Henri Albert. 6
Opinions :
De M. Emile de Solenière. 25
De M. Marcel Boulestin. 26
De M. Jean Lorrain. 28
De M. Jacques Bainville. 28
De M. André Beaunier 30
De M. Paul Dupray 32
De M. Georges Casella. 33
Bibliographie 38

ILLUSTRATIONS

Portrait frontispice (cliché Nadar).
Photographie de M. et Mme Willy (hors texte).
Autographe de Willy. 23
Portrait charge par Léandre. 29
Portrait charge par le même. 35
Willy et Polaire par Cappiello. 31
Masque de Vallotton. 37

Imp. Joseph Téqui, 70, avenue du Maine. Paris.

www.ingramcontent.com/pod-product-compliance
Ingram Content Group UK Ltd.
Pitfield, Milton Keynes, MK11 3LW, UK
UKHW021000220726
13924UKWH00002B/806

9 782019 911768